INSTRUÇÃO PASTORAL DO PONTIFÍCIO CONSELHO
PARA AS COMUNICAÇÕES SOCIAIS

AETATIS NOVAE

No vigésimo aniversário da
"Communio et progressio"

Uma revolução nas comunicações

3ª edição – 2005

Nenhuma parte desta obra poderá ser reproduzida ou transmitida por qualquer forma e/ou quaisquer meios (eletrônico ou mecânico, incluindo fotocópia e gravação) ou arquivada em qualquer sistema ou banco de dados sem permissão escrita da Editora. Direitos reservados.

Paulinas

Rua Pedro de Toledo, 164
04039-000 – São Paulo – SP (Brasil)
Tel.: (11) 2125-3549 – Fax: (11) 2125-3548
http://www.paulinas.org.br – editora@paulinas.org.br
Telemarketing e SAC: 0800-7010081

© Pia Sociedade Filhas de São Paulo – São Paulo, 1992

INTRODUÇÃO

Uma revolução nas comunicações

1. Ao aproximarmo-nos de uma nova época, dá-se uma considerável expansão nas comunicações, que influencia profundamente as culturas de todo o mundo. As revoluções tecnológicas representam apenas um aspecto deste fenômeno. Não existe lugar onde não seja sentido o impacto dos mass media no comportamento religioso e moral, nos sistemas políticos e sociais, e na educação.

Ninguém ignora, por exemplo, o papel das comunicações sociais, que as fronteiras geográficas e políticas não conseguiram controlar, nas mudanças fundamentais que se verificaram no decurso de 1989 e 1990, cujo alcance histórico o Papa sublinhou.[1]

"O primeiro areópago dos tempos modernos é o mundo das comunicações, que está a unificar a humanidade, transformando-a — como se costuma dizer — na "aldeia global". Os meios de comunicação social alcançam tamanha importância que são para muitos o principal instrumento de informação e formação, de guia e inspiração dos comportamentos individuais, familiares e sociais".[2]

---

1. Cf. JOÃO PAULO II, *Centesimus annus*, nn. 12-23, *AAS*, LXXXIII (1991), pp. 807-821.

2. JOÃO PAULO II, *Redemptoris missio*, n. 37, *AAS*, LXXXIII (1991), p. 285.

Há mais de vinte e cinco anos depois da promulgação do Decreto do Concílio Vaticano II sobre as comunicações sociais *Inter mirifica,* e dois decênios após a Instrução Pastoral *Communio et progressio,* o Pontifício Conselho para as Comunicações Sociais deseja refletir sobre as conseqüências pastorais desta nova situação. Fá-lo no espírito da conclusão da *Communio et progressio:* "O Povo de Deus caminha na história... Olha com confiança... para o futuro e para as promessas que uma idade espacial de comunicações lhe pode oferecer".[3]

Considerando que os princípios e as idéias destes documentos conciliares e pós-conciliares têm valor permanente nos tempos, desejamos aplicá-los ao contexto em vigor. Não pretendemos pronunciar palavras definitivas acerca de uma situação complexa, dinâmica e em evolução constante, mas unicamente procurar um instrumento de trabalho e de encorajamento para todos os que têm que se confrontar com as conseqüências pastorais destas novas realidades.

2. No decurso dos anos que se seguiram à promulgação do *Inter mirifica* e da *Communio et progressio,* habituamo-nos a expressões tais como "sociedade de informação", "cultura dos mass media" e "geração dos mass media". Este tipo de expressões é relevante: sublinha que o que a humanidade do nosso tempo sabe e pensa da vida está, em parte, condicionado pelos meios de comunicação; a experiência humana como tal tornou-se uma experiência vivida através dos mass media.

---

3. *Communio et progressio,* n. 187, *AAS,* LXIII (1971), pp. 655-656.

Os últimos decênios foram, igualmente, teatro de novidades sensacionais em matéria de tecnologias das comunicações. Isto implicou tanto uma evolução rápida das velhas tecnologias, como o surgir de novas tecnologias das comunicações, entre as quais figuram os satélites, a televisão via cabo, as fibras óticas, os videocassetes, compact disc, a concepção de imagens por computador, e outras técnicas digitais e informáticas. O uso dos novos mass media deu origem ao que se pôde chamar "novas linguagens", e suscitou ulteriores possibilidades para a missão da Igreja, assim como novos problemas pastorais.

3. Neste contexto, estimulamos os pastores e o povo de Deus a aprofundar o sentido de tudo o que diz respeito aos meios de comunicação, e a traduzi-lo em projetos concretos e realizáveis.

"Visto que os Padres Conciliares olharam para o futuro e procuraram discernir o contexto, no qual a Igreja teria sido chamada para levar a cabo a sua missão, eles puderam ver claramente que o progresso da tecnologia estava já "a ponto de transformar a face da terra" e até conseguindo conquistar o espaço. Eles reconheceram que os desenvolvimentos nas tecnologias da comunicação, em particular, estavam provavelmente para originarem reações em cadeia com conseqüências inesperadas".[4]

---

4. JOÃO PAULO II, *Mensagem para a XXIV Jornada Mundial das Comunicações Sociais*, in *L'OSERVATORE ROMANO*, 25/1/1990, p. 6; cf. *Gaudium et spes*, n. 5, *AAS*, LVIII (1966), p. 1028.

"Longe de propor que a Igreja deveria afastar-se ou isolar-se do interesse por esses acontecimentos, os Padres Conciliares viram a Igreja como presente verdadeiramente no centro do progresso humano, partilhando as experiências do resto da humanidade, procurando entendê-las à luz da fé. O povo de Deus fiel devia fazer um uso criativo das novas descobertas e tecnologias em benefício da humanidade e para o cumprimento do plano de Deus no mundo"... e "um sábio uso do potencial da "era do computador", para servir a vocação humana e transcendente do homem e para dar assim glória ao Pai, do qual vêm todas as coisas boas".[5]

Desejamos manifestar a nossa gratidão a todos os que permitiram a constituição de uma rede de comunicações criativa na Igreja. Apesar das dificuldades — causadas por recursos limitados, por obstáculos às vezes opostos à Igreja no seu acesso às comunicações, pela remodelagem constante da cultura, pelos valores e pelos comportamentos provocados pela onipresença dos mass media — muito já foi feito e continua a ser. Os bispos, os clérigos, os religiosos e os leigos, que se consagram a este apostolado de suma importância, merecem a gratidão de todos.

Sentimos igualmente o dever de manifestar a nossa satisfação por todos estes esforços positivos de colaboração ecumênica no campo dos mass media, onde se encontram empenhados católicos e irmãos e irmãs de outras Igrejas e comunidades religiosas, assim como pela cooperação inter-religiosa com outras religiões do mun-

5. *Ibidem.*

do. É não somente necessário, mas desejável, empenhar "os cristãos a se unirem mais profundamente na sua ação comunicativa e a colaborarem mais diretamente com as outras religiões da humanidade, a respeito da sua presença comum a serviço das comunicações".[6]

---

6. Pontifício Conselho para as Comunicações Sociais, *Critérios de colaboração ecumênica e inter-religiosa nas comunicações sociais*, n. 1, Cidade do Vaticano, 1989.

I. Contexto das comunicações sociais

A. Contexto cultural e social

4. A mudança que se dá hoje nas comunicações implica, mais que uma simples revolução técnica, a transformação completa de tudo o que é necessário à humanidade para compreender o mundo que a envolve, e para verificar e expressar a percepção do mesmo. A apresentação constante das imagens e das idéias, assim como a sua transmissão rápida, até mesmo de um continente a outro, têm conseqüências simultaneamente positivas e negativas, no desenvolvimento psicológico, moral e social das pessoas, na estrutura e no funcionamento da sociedade, na partilha de uma cultura com outra, na percepção e na transmissão dos valores, nas idéias do mundo, nas ideologias e nas convicções religiosas. A revolução das comunicações afeta, de igual modo, a percepção que se pode ter da Igreja, e contribui para a modelação das próprias estruturas e funcionamento.

Tudo isto tem conseqüências pastorais importantes. Com efeito, tanto se pode recorrer aos mass media para proclamar o Evangelho, como para o afastar do coração do homem. A infiltração, cada vez mais estreita, dos mass media na vida cotidiana influencia o conceito que se possa ter do sentido da vida.

As comunicações têm a capacidade de pesar, não só nos modos de pensar, mas também nos conteúdos do pensamentos. Para muitas pessoas, a realidade corresponde ao que os mass media definem como tal; o que os mass media não reconhecem explicitamente torna-se também insignificante. O silêncio pode assim ser imposto, de fato, a indivíduos ou grupos que os mass media ignoram; a voz do Evangelho pode, ela também, ser reduzida ao silêncio, sem ficar por isso completamente abafada. É importante, então, que os cristãos sejam capazes de fornecer uma informação que "cria notícias", dando a palavra aos que dela são privados.

O poder que têm os meios de comunicação, de reforçar ou destruir os pontos de referência tradicionais em matéria de religião, de cultura e de família, sublinha bem a atualidade pertinente das palavras do Concílio: "Para o uso reto destes meios é absolutamente necessário que todos os que se servem deles conheçam e levem à prática, nesse campo, as normas de ordem moral".[7]

B. Contexto político e econômico

5. As estruturas econômicas das nações estão dependentes dos sistemas de comunicação contemporâneos. Considera-se geralmente como necessário ao desenvolvimento econômico e político que o Estado invista

---

7. *Inter mirifica*, n. 4, *AAS*, LVI (1964), p. 146.

numa infra-estrutura eficaz de comunicação. O aumento do custo deste investimento constitui, aliás, um fator de primeira importância, que levou os governos de numerosos países a adotar políticas visando o aumento da concorrência. É especialmente por esta razão que, em muitos casos, os sistemas públicos de telecomunicação e difusão foram submetidos a políticas de desagregação e privatização.

Assim como o uso incorreto do serviço público pode conduzir a uma manipulação ideológica e política, do mesmo modo a comercialização não regulamentada e a privatização da difusão têm profundas conseqüências. Em prática, e muitas vezes de maneira oficial, a responsabilidade pública do uso das ondas encontra-se desvalorizada. É em função do lucro e não do serviço que se tende a avaliar o seu sucesso. As motivações lucrativas e os interesses dos publicitários exercem uma influência anormal sobre o conteúdo dos mass media: prefere-se a popularidade e não a qualidade, e escolhe-se o menor denominador comum. Os publicitários ultrapassam a sua tarefa legítima, que consiste em identificar as verdadeiras necessidades e dar-lhes uma resposta, e, impelidos por motivos de mercado, esforçam-se por criar necessidades e modelos artificiais de consumo.

As pressões comerciais exercem-se igualmente para além das fronteiras nacionais, em desvantagem de certos povos e da sua cultura. Face ao aumento da concorrência e à necessidade de encontrar novos mercados, as empresas de comunicação revestem um caráter cada vez mais "multinacional"; a falta de possibilidades locais de produção torna, ao mesmo tempo, alguns países mais dependentes das nações estrangeiras. Deste modo, as realizações de certos mass media populares, características de uma cultura, difundem-se noutra cultura, freqüentemente em detrimento das formas artísticas e de comunicação já existentes, e dos valores que elas encerram.

A solução dos problemas que nasceram desta comercialização e privatização não regulamentadas não reside, todavia, no controle dos mass media por parte do Estado, mas numa maior regulamentação, conforme às normas do serviço público, assim como numa maior responsabilidade pública. É necessário relevar a este propósito que, se os quadros jurídicos e políticos, nos quais funcionam as comunicações de alguns países, estão atualmente em nítido melhoramento, outros lugares há onde a intervenção governamental permanece um instrumento de opressão e exclusão.

II. Papel das comunicações

6. *Communio et progressio* baseia-se numa apresentação das comunicações como uma via em direção à comunhão. O texto declara que "mais que expressão de idéias ou manifestação de sentimentos", a comunicação é "doação de si mesmo por amor".[8] A comunicação é, neste sentido, o reflexo da comunhão eclesial e para isso pode contribuir.

A comunicação da verdade pode ter realmente um poder de redenção, que emana da pessoa de Cristo. Ele é o Verbo de Deus feito carne e a imagem de Deus invisível. N'Ele e por Ele, a vida de Deus comunica-se à humanidade pela ação do Espírito. "Desde a criação do mundo as suas perfeições invisíveis, tanto o seu eterno poder como a Sua divindade, tornaram-se visíveis".[9] Pode-se de igual modo citar o seguinte versículo: "E o Verbo fez-se homem e habitou entre nós, e nós vimos a Sua glória, glória que lhe vem do Pai, como Filho único, cheio de graça e de verdade".[10]

---

8. *Communio et progressio*, n. 11, *AAS*, LXIII (1971), p. 598.
9. *Rm* 1,20.
10. *Jo* 1,14.

No Verbo feito carne Deus comunica-se definitivamente. Na pregação e na ação de Jesus, a Palavra torna-se libertadora e redentora para toda a humanidade. Este ato de amor, por meio do qual Deus se revela, associado à resposta de fé da humanidade, gera um diálogo profundo.

A história da humanidade e o conjunto das relações entre os homens desenvolvem-se no quadro desta comunicação de Deus em Cristo. A história está, ela mesma, destinada a tornar-se uma espécie de palavra de Deus, e a vocação do homem é contribuir para esse fim, vivendo esta comunicação constante e ilimitada de amor reconciliador de Deus, de modo criador. Somos chamados a traduzir isto em palavras de esperança e atos de amor, ou seja, através do nosso modo de viver. A comunicação deve, por conseguinte, situar-se no seio da comunidade eclesial.

Cristo é simultaneamente o conteúdo e a fonte do que a Igreja comunica ao proclamar o Evangelho. A Igreja não é outra coisa senão o "Corpo místico de Cristo" — a plenitude escondida de Cristo glorificado "que preenche toda a criação".[11] Estamos portanto em caminho, na Igreja, através da palavra e dos sacramentos, em direção à esperança da unidade definitiva, onde "Deus será tudo em todos".[12]

---

11. *Ef* 1,23; 4,10.
12. *1Cor* 15,28; *Communio et progressio*, n. 11.

A. Os mass media a serviço do homem e das culturas

7. Paralelamente a todo o bem que eles fazem e são capazes de fazer, os meios de comunicação "podem ao mesmo tempo ser eficazes instrumentos de unidade e de compreensão mútua e veículos de uma visão deformada da vida, da família, da religião e da moralidade — segundo uma interpretação que não respeita a autêntica dignidade nem o destino da pessoa humana".[13] É imperativo que os meios de comunicação respeitem e participem no desenvolvimento integral da pessoa, que implica as "dimensões culturais, transcendentais e religiosas do homem e da sociedade".[14]

A fonte de certos problemas individuais e sociais reside também na substituição das relações interpessoais pelo uso cada vez mais importante dos mass media, na importância considerável dada às personagens de ficção. Os meios de comunicação não podem substituir o contato pessoal imediato, nem as relações entre os membros de uma família, ou entre amigos. Porém, os mass media podem dar o seu contributo para a solução desta dificuldade — através da discussão em grupo, de debates sobre filmes ou emissões — estimulando a comunicação interpessoal, mais que substituir-se a ela.

---

13. Pontifício Conselho para as Comunicações Sociais, *Pornografia e violência nas comunicações sociais: uma resposta pastoral,* n. 7, Cidade do Vaticano, 1989.

14. JOÃO PAULO II, *Sollicitudo rei socialis,* n. 46, *AAS,* LXXX (1988), p. 579.

B. Os mass media a serviço do diálogo com o mundo atual

8. O Concílio Vaticano II evidenciou que "a comunidade dos cristãos se reconhece real e intimamente solidária do gênero humano e da sua história".[15] Os que proclamam a Palavra de Deus têm o dever de ter em conta e procurar compreender as "palavras" dos povos e das diversas culturas, não unicamente para os conhecer, mas também para os ajudar a reconhecer e aceitar a Palavra de Deus.[16] A Igreja deve, então, manter uma presença ativa e atenta ao mundo, de modo a sustentar a comunidade e a animar os que procuram soluções aceitáveis para problemas pessoais e sociais.

Além disso, se a Igreja deve comunicar sempre a sua mensagem, de um modo adaptado a cada época, às culturas das nações e aos vários povos, ela deve fazê-lo especialmente hoje, na e pela cultura dos novos mass media.[17] Esta é uma condição fundamental se se quer dar uma resposta a uma das principais preocupações do Concílio Vaticano II: o surgir de "vínculos sociais, técnicos, culturais" que mais intimamente ligam os homens constitui para a Igreja "uma nova urgência": uni-los "na total unidade em Cristo".[18] Considerando o importante papel que os meios de comunicação podem desempenhar nos esforços por favorecer esta unidade, a Igreja vê ne-

---

15. Cf. *Gaudium et spes,* n. 11, *AAS,* LVIII (1966), p. 1034.
16. Cf. PAULO VI, *Evangelii nuntiandi,* n. 20, *AAS,* LXVIII (1975), pp. 18-19.
17. Cf. *Inter mirifica,* n. 3, *AAS,* LVI (1964), p. 146.
18. *Lumen gentium,* n. 1, *AAS,* LVII (1965), p. 5.

les meios "concebidos pela Providência Divina" para o desenvolvimento das comunicações e da comunicação entre os homens, durante o seu peregrinar na terra.[19]

A Igreja, que procura dialogar com o mundo moderno, deseja poder estabelecer um diálogo honesto e respeitoso com os responsáveis dos meios de comunicação. Este diálogo implica que a Igreja se esforce por compreender os mass media — os seus objetivos, estruturas internas e modalidades —, sustente e encoraje os que neles trabalham. Baseando-se nesta compreensão e apoio, torna-se possível fazer propostas significativas em vistas de afastar os obstáculos que se opõem ao progresso humano e à proclamação do Evangelho.

Para um diálogo tal, é preciso que a Igreja se preocupe ativamente pelos mass media profanos, e principalmente pela política que lhes diz respeito. Os cristãos têm efetivamente o dever de fazer ouvir a sua voz no seio de todos os mass media. A tarefa deles não se limita unicamente à transmissão de notícias eclesiásticas. Este diálogo requer, além disso, que ela sustente os profissionais dos mass media, elabore uma antropologia e uma verdadeira teologia da comunicação, a fim de que a teologia se torne, ela mesma, mais comunicativa, mais eficaz, para revelar os valores evangélicos e aplicá-los às realidades contemporâneas da condição humana; é preciso ainda que os responsáveis da Igreja e os agentes pastorais respondam, com boa vontade e prudência, às exigências dos mass media, procurando estabelecer com eles

---

19. Cf. *Communio et progressio,* n. 12, *AAS,* LXIII (1971), p. 598.

relações de confiança e de respeito mútuos, fundados em valores comuns com aqueles que não compartilham a nossa fé.

C. Os mass media a serviço da comunidade humana e do progresso social

9. As comunicações que se realizam na Igreja e para a Igreja consistem principalmente no anúncio da Boa Nova de Jesus Cristo. É a proclamação do Evangelho como palavra profética e libertadora, dirigida aos homens e às mulheres do nosso tempo; é o testemunho prestado, face a uma secularização radical, à verdade divina e ao destino transcendente da pessoa humana; é, perante os conflitos e as divisões, a tomada de posição pela justiça, em solidariedade com todos os crentes, a serviço da comunhão entre os povos, as nações e as culturas.

O sentido dado pela Igreja às comunicações também esclarece de modo extraordinário os meios de comunicação e o papel que eles devem desempenhar, segundo o plano providencial de Deus, na promoção do desenvolvimento das pessoas e da sociedade humana.

D. Os mass media a serviço da comunhão eclesial

10. A tudo o que se acaba de dizer, convém acrescentar o importante apelo do direito ao diálogo e à informação no seio da Igreja, como afirma a *Communio et progressio*,[20] e a necessidade de continuar a procurar

---

20. *Ibidem*, nn. 114-121, pp. 634-636.

meios eficazes para favorecer e proteger este direito, especialmente através de um uso responsável dos meios de comunicação. Referimo-nos, entre outras, às afirmações do *Código de Direito Canônico,* segundo as quais, obedientes aos Pastores da Igreja, "os fiéis têm o direito de (lhes) manifestar as próprias necessidades, principalmente espirituais, e os próprios anseios",[21] e acrescenta que, de acordo com a ciência, a competência e o prestígio, estes fiéis têm "o direito e, às vezes, até o dever" de manifestar aos Pastores a própria opinião sobre o que afeta o bem da Igreja.[22]

Existe nisto um meio de manter e reforçar a credibilidade da Igreja. Ainda mais fundamental, este pode ser o meio de realizar concretamente o caráter de "comunhão" da Igreja, que encontra o seu fundamento na comunhão íntima da Trindade e a reflete. Entre os membros desta comunidade que constitui a Igreja, existe uma igualdade natural de dignidade e de missão que provém do batismo, e está na base da estrutura hierárquica e da diversidade dos cargos e das funções. Esta igualdade exprimir-se-á numa partilha da informação e das opiniões, honesta e respeitosa.

Em caso de desacordo, é importante saber que "não é exercendo pressão sobre a opinião pública que se pode contribuir para o esclarecimento dos problemas doutrinais e servir a verdade".[23] "Na realidade, as opiniões dos fi-

---

21. Cf. Cân. 212.2, *AAS,* LXXV, 2 (1983), p. 34.
22. Cf. Cân. 212.3.
23. Congregação para a Doutrina da Fé, *Instrução sobre a vocação eclesial do teólogo, AAS,* LXXXII (1990), p. 1562.

éis não podem ser pura e simplesmente identificadas com o "sensus fidei".[24]

Por que razão a Igreja se pronuncia com insistência sobre o direito das pessoas a uma informação correta? Por que motivo a Igreja sublinha o próprio direito ao anúncio autêntico da verdade evangélica? Por que razão a Igreja recorda a responsabilidade dos seus pastores de comunicar a verdade e preparar os fiéis a fazerem o mesmo? Porque a compreensão total da comunicação no interior da Igreja baseia-se no fato de o Verbo de Deus se comunicar por si mesmo.

E. Os mass media a serviço de uma nova evangelização

11. Além dos meios tradicionais em vigor, como o testemunho de vida, o catecismo, o contato pessoal, a piedade popular, a liturgia e outras celebrações análogas, o uso dos meios de comunicação tornou-se essencial para a evangelização e para a catequese. Portanto, a "Igreja viria a sentir-se culpável diante do seu Senhor, se ela não lançasse mão destes meios potentes que a inteligência humana torna cada dia mais aperfeiçoados".[25] Os meios de comunicação social podem e devem ser instrumentos a serviço do programa de reevangelização e de nova evangelização da Igreja no mundo contemporâneo. Em vistas da nova evangelização, será dada uma atenção especial ao impacto audiovisual das comunicações, segundo a máxima "ver, julgar, agir".

---

24. Cf. *ibidem*, n. 35, p. 1565.
25. PAULO VI, *Evangelii nuntiandi*, n. 45, *AAS*, LXVIII (1976), p. 35.

Entretanto, é muito importante, para a posição que a Igreja deve tomar em relação aos mass media e à cultura, que eles contribuem a elaborar, ter sempre presente que "não é suficiente usá-los para difundir a mensagem cristã e o Magistério da Igreja, mas é necessário integrar a mensagem nesta "nova cultura", criada pelas modernas comunicações... com novas linguagens, novas técnicas, novas atitudes psicológicas".[26] A evangelização atual deveria encontrar apoio na presença ativa e aberta da Igreja no mundo das comunicações.

---

26. JOÃO PAULO II, *Redemptoris missio,* n. 37, *AAS,* LXXXIII (1991), p. 285.

III. Desafios atuais

A. Necessidade de uma avaliação crítica

12. Se a Igreja adota uma atitude positiva e aberta em relação aos meios de comunicação, procurando penetrar a nova cultura por eles criada a fim de a evangelizar, é necessário que ela proponha também uma avaliação crítica dos mass media e do seu impacto na cultura.

Como dissemos várias vezes, a tecnologia das comunicações constitui uma maravilhosa expressão do gênio humano e os meios de comunicação trazem grandes vantagens à sociedade. Mas como evidenciamos, a aplicação da tecnologia das comunicações não foi mais que um semibenefício, e para a sua utilização consciente são necessários valores sãos e escolhas prudentes, da parte dos indivíduos, do setor privado, dos governos e de toda a sociedade. A Igreja não pretende ditar estas decisões e escolhas, mas procura fornecer uma verdadeira ajuda, indicando critérios éticos e morais aplicáveis neste domínio, critérios que se encontrarão nos valores tanto humanos como cristãos.

B. Solidariedade e desenvolvimento integral

13. Na situação atual, verifica-se que os meios de comunicação agravam os obstáculos individuais e sociais, que impedem a solidariedade e o desenvolvimento integral da pessoa humana. Estes obstáculos são, especialmente, o secularismo, o consumismo, o materialismo, a desumanização e a ausência de interesse pela condição dos pobres e dos desprotegidos.[27]

Nesta situação, a Igreja, que reconhece nos instrumentos de comunicação social "o caminho que hoje se privilegia para a criação e a transmissão da cultura",[28] sente-se no dever de propor uma formação aos profissionais da comunicação e ao público, para que eles considerem os meios de comunicação com um "sentido crítico, animado da paixão pela verdade"; reconhece também o seu dever de se comprometer "numa ação de defesa da liberdade, do respeito pela dignidade pessoal, da elevação da autêntica cultura dos povos, com a recusa firme e corajosa de toda a forma de monopolização e de manipulação".[29]

C. Políticas e estruturas

14. É evidente que, a este respeito, alguns problemas são o fruto de políticas e estruturas particulares dos meios de comunicação: citamos, a título de exemplo, o

---

27. Cf. JOÃO PAULO II, *Centesimus annus*, n. 41, *AAS*, LXXXIII (1991), p. 841.
28. JOÃO PAULO II, *Christifideles laici*, n. 44, *AAS*, LXXXI (1989), p. 480.
29. *Ibidem*, p. 481.

fato de ser recusado, a certos grupos ou classes, o acesso aos meios de comunicação, a redução sistemática do direito fundamental à informação em alguns lugares, a extensão da autoridade que algumas elites econômicas, sociais e políticas exercem nos meios de comunicação.

Tudo isto é contrário aos objetivos fundamentais e à própria natureza dos meios de comunicação, cujo papel social particular e necessário é contribuir para a garantia do direito do homem à informação, à promoção da justiça, à procura do bem comum, à assistência aos indivíduos, aos grupos e povos em busca da verdade. Os meios de comunicação exercem estas funções capitais, ao favorecerem a troca de idéias e de informações entre todas as classes e setores da sociedade, e ao oferecerem a todos os responsáveis a oportunidade de serem ouvidos.

D. Desafios do direito à informação e às comunicações

15. Não se pode aceitar que exercer a liberdade de comunicar dependa da riqueza material, da educação ou do poder político. O direito de comunicar é direito de todos.

Isto requer esforços especiais, tanto a nível nacional como internacional, não só para proporcionar aos pobres e aos mais fracos o acesso à informação de que necessitam para o seu desenvolvimento individual e social, como também para fazer de modo que eles desempenhem um papel efetivo, responsável, na decisão do conteúdo dos meios de comunicação e na determinação das estruturas e das políticas das instituições nacionais de comunicação.

Onde o domínio dos meios de comunicação por elites seja favorecido por estruturas políticas e jurídicas, a Igreja deve insistir no respeito pelo próprio direito de comunicar, de modo especial no próprio direito de acesso aos mass media, procurando outros modelos de comunicação para os seus membros e para toda a população. O direito à comunicação faz parte, aliás, do direito à liberdade religiosa, e não deveria ser limitado à liberdade de culto.

IV. Prioridades pastorais e respectivos meios de resposta

A. Defesa das culturas humanas

16. Dada a situação existente em numerosos lugares, a sensibilidade aos direitos e aos interesses dos indivíduos pode, freqüentemente, motivar a Igreja a favorecer outros meios de comunicação. No campo da evangelização e da catequese, a Igreja deverá, freqüentemente, tomar medidas que visem preservar e favorecer "meios de comunicação populares", e outras formas tradicionais de expressão, reconhecendo que, em algumas sociedades, eles podem ser mais eficazes para a difusão do Evangelho do que os meios de comunicação mais recentes, porque tornam possível uma maior participação pessoal, e atingem níveis mais profundos de motivação e de sensibilidade humanas.

A onipresença dos meios de comunicação no mundo contemporâneo não diminui minimamente a importância de outros meios de comunicação, que permitem às pessoas um empenho e uma participação ativa na produção e concepção da comunicação. Com efeito, os meios de comunicação populares e tradicionais não representam unicamente uma encruzilhada importante de expressão da cultura local, mas permitem, também, desenvolver uma competência em relação à criação e uso ativos dos meios de comunicação.

Consideramos de igual modo significativo o desejo de numerosos povos e grupos humanos dispor de sistemas de comunicação e de informação mais justos e imparciais, para se defenderem da dominação e da manipulação, venham elas do estrangeiro ou dos próprios compatriotas. Os países em vias de desenvolvimento têm este receio em relação aos países desenvolvidos; as minorias de certas nações, desenvolvidas ou em vias de desenvolvimento, sentem a mesma preocupação. Seja qual for a situação, será necessário que os cidadãos possam tomar parte ativa, autônoma e responsável na comunicação, pois ela influencia, de diversas formas, as suas condições de vida.

B. Desenvolvimento e promoção dos meios de comunicação da Igreja

17. Não obstante a Igreja continue a empenhar-se, de vários modos, no campo da comunicação e dos mass media, e apesar das múltiplas dificuldades encontradas, ela deve desenvolver, suster e favorecer os seus próprios instrumentos e programas católicos de comunicação. Estes compreendem a imprensa, editores, rádio e televisão católicas, gabinetes de informação e de relações públicas, de formação à prática e às questões dos mass media, a

pesquisa sobre os meios de comunicação, as relações com os profissionais dos organismos de comunicação relacionados com a Igreja — especialmente os organismos católicos internacionais de comunicação — cujos membros são colaboradores competentes das conferências episcopais, assim como dos bispos individualmente.

O trabalho dos meios de comunicação católicos não é só uma atividade complementar que se vem juntar às outras atividades da Igreja: a comunicação social tem, com efeito, um papel a desempenhar em todos os aspectos da missão da Igreja. Não é suficiente, também, ter um plano pastoral de comunicação, mas é necessário que a comunicação faça parte integrante de todos os planos pastorais, visto que a comunicação tem, *de fato,* um contributo a dar a qualquer outro apostolado, ministério ou programa.

C. Formação dos cristãos responsáveis pela comunicação

18. A educação e a formação para a comunicação devem fazer parte integrante da formação dos agentes pastorais e dos sacerdotes.[30] São necessários vários elementos e aspectos para esta educação e formação.

No mundo atual, tão influenciado pelos mass media, é necessário, por exemplo, que as pessoas comprometidas na Igreja tenham, pelo menos, uma visão de conjunto do impacto que as novas tecnologias da infor-

---

30. Cf. Congregação para a Educação Católica, *Orientações para a formação dos futuros sacerdotes acerca dos instrumentos da comunicação social,* Cidade do Vaticano, 1986.

mação e dos mass media exercem sobre os indivíduos e a sociedade. Devem ainda estar prontas a partilhar o seu ministério, tanto com aqueles que são "ricos em informação" como com os que são "pobres em informação". Devem também saber como convidar ao diálogo, evitando um estilo de comunicação susceptível de sugerir domínio, manipulação ou o próprio proveito. Quanto aos que estarão ativamente empenhados em trabalhos de comunicação para a Igreja, é necessário que adquiram competência profissional em matéria de mass media, assim como uma formação doutrinal e espiritual.

D. Pastoral dos responsáveis da comunicação

19. O trabalho no campo das comunicações supõe pressões psicológicas e dilemas éticos particulares. Ao considerarmos a importância do papel desempenhado pelos mass media na formação da cultura contemporânea e na estruturação da vida de numerosos indivíduos e sociedades, parece ser essencial que os profissionais dos mass media profanos, assim como das indústrias da comunicação, considerem as suas responsabilidades com um profundo ideal e vontade de servir a humanidade.

Isto requer da Igreja uma responsabilidade correspondente: é necessário que ela elabore e proponha programas pastorais que respondam exatamente às condições particulares de trabalho e aos desafios éticos, com os quais se defrontam os profissionais da comunicação. Com efeito, estes programas pastorais deveriam comportar uma formação permanente, que possa ajudar estes homens e mulheres — muitos dos quais desejam sinceramente saber e praticar o que é justo nos planos ético e moral — a estarem cada vez mais impregnados de critérios morais, tanto no setor profissional como a nível privado.

V. Necessidades de uma planificação pastoral

A. Responsabilidades dos Bispos

20. Reconhecendo o valor, e mesmo a urgência dos apelos que emanam do mundo da comunicação, os bispos e os responsáveis pela decisão da distribuição dos recursos da Igreja — limitados a nível tanto humano como material — deveriam esforçar-se em conceder prioridade a este campo, tendo em conta as situações específicas da sua nação, região e diocese.

Pode suceder que esta necessidade se faça sentir mais intensamente hoje que no passado, precisamente porque, por um lado, o grande "areópago" contemporâneo dos mass media foi, até agora, mais ou menos negligenciado pela Igreja.[31] Como evidenciou o Santo Padre: "deu-se preferência a outros instrumentos para o anúncio evangélico e para a formação, enquanto os mass media foram deixados à iniciativa de particulares ou de peque-

---

31. Cf. JOÃO PAULO II, *Redemptoris missio,* n. 37, *AAS,* LXXXIII (1991), p. 285.

nos grupos, entrando apenas secundariamente na programação pastoral".[32] Esta situação requer algumas correções.

B. Urgência de um plano pastoral de comunicação

21. Recomendamos particularmente que as Dioceses e as Conferências ou assembléias episcopais tomem providências para que a questão dos mass media seja abordada nos seus planos pastorais. Convém que redijam planos pastorais particulares relativos à comunicação, ou revejam e atualizem os que já existem, mantendo um processo de revisão e atualização permanentes. Para este fim, os bispos deveriam procurar a colaboração de profissionais da comunicação — que trabalhem nos mass media profanos ou nos organismos da Igreja relacionados com o campo da comunicação — e outros organismos internacionais e nacionais do cinema, da rádio, da televisão e da imprensa.

Algumas Conferências Episcopais já foram ajudadas por alguns planos pastorais que descrevem, de modo concreto, as necessidades existentes e os objetivos a atingir, e que enconrajam a coordenação dos esforços. Os resultados do estudo, assim como as estimativas e consultas, que permitiram a redação destes documentos, poderiam e deveriam circular em todos os níveis da Igreja, pois eles fornecem dados úteis para a pastoral. Podem também adaptar-se às necessidades das Igrejas

---

32. *Ibidem.*

locais planos realistas e práticos que deveriam ser objeto de revisão e adaptação permanentes, de acordo com a evolução das necessidades.

Terminamos este documento, fornecendo elementos de plano pastoral, e sugerindo questões que possam ser tratadas em cartas pastorais ou em declarações episcopais, sejam elas nacionais ou locais. Estes elementos são extraídos das propostas de Conferências Episcopais ou de profissionais dos mass media.

CONCLUSÃO

22. Reafirmamos que a "Igreja encara estes meios de comunicação social como 'dons de Deus', na medida em que, segundo a intenção providencial, criam laços de solidariedade entre os homens, pondo-se assim a serviço da Sua vontade salvífica".[33] Do mesmo modo que o Espírito ajudou os antigos profetas a decifrar o plano de Deus através dos sinais dos tempos, Ele ajuda hoje a Igreja a interpretar os sinais do nosso tempo e a realizar a sua tarefa profética, que comporta o estudo, a avaliação e o bom uso, que hoje se tornaram fundamentais, das tecnologias e dos meios de comunicação.

---

33. *Communio et progressio*, n. 2, *AAS*, LXIII (1971), pp. 593-594.

ANEXO

Elementos para um plano pastoral de comunicação

23. A situação dos mass media e as possibilidades oferecidas à Igreja no campo da comunicação, diferem de nação para nação, e mesmo de diocese para diocese, dentro do mesmo país. Resultam daí, naturalmente, diferenças na atitude que a Igreja adotará, segundo os lugares, perante os mass media e a cultura, que eles contribuem a formar, e as diversidades de planos e modos de participação em função das situações locais.

Cada Conferência Episcopal e cada Diocese devem elaborar um plano pastoral, completo de comunicação, consultando de preferência representantes dos organismos católicos internacionais e nacionais da comunicação, assim como profissionais dos mass media locais. Seria necessário, além disso, que outros planos pastorais, especialmente os que se referem ao serviço social, à educação e à evangelização, tenham em conta, na sua elaboração e atuação, aquilo que diz respeito à comunicação. Um número considerável de Conferências Episcopais e de Dioceses já elaboraram planos que incluem as necessidades da comunicação, definem objetivos, fazem previsões realistas de financiamento e coordenam esforços diferentes efetuados neste campo.

Propomos as seguintes linhas de orientação, para ajudar os que deverão elaborar estes planos pastorais, ou serão encarregados de atualizar os planos existentes.

Linhas orientadoras para a elaboração de planos pastorais dos meios de comunicação numa Diocese, numa Conferência Episcopal ou num Sínodo patriarcal

24. Um plano pastoral de comunicação deveria incluir os seguintes elementos:

a) uma apresentação de conjunto, feita a partir de uma consulta extensiva, que indique, para todos os ministérios da Igreja, métodos de comunicação, respondendo às questões e às condições atuais;

b) um inventário ou uma avaliação do ambiente dos mass media existente no território: os diferentes tipos de público, os produtores e diretores dos mass media públicos e comerciais, os recursos financeiros e técnicos, os sistemas de distribuição, os recursos ecumênicos e educativos, os colaboradores dos organismos católicos de comunicação, incluindo os das comunidades religiosas;

c) uma proposta de estrutura dos meios de comunicação eclesiais, destinados a sustentar a evangelização, a catequese e a educação, o serviço social e a cooperação ecumênica; esta deverá ocupar-se tanto quanto possível das relações públicas, da imprensa, da rádio, da televisão, do cinema, dos cassetes, das redes de informática, dos serviços reprográficos e das formas análogas de telecomunicações;

d) uma educação para os mass media que insista, particularmente, na relação entre mass media e valores;

e) uma proposta pastoral de diálogo com os profissionais dos mass media, que insista no desenvolvimento da sua fé e do seu crescimento espiritual;

f) uma indicação das possibilidades de obter recursos e do modo de assegurar o financiamento desta pastoral.

Modo de elaboração
de um plano pastoral das comunicações

25. O plano deveria propor, aos responsáveis da comunicação na Igreja, linhas diretrizes e fornecer-lhes objetivos e prioridades realistas para o seu trabalho. Nós recomendamos que uma equipe, que compreenda representantes da Igreja e profissionais dos mass media, seja associada a este trabalho de elaboração, que se desenvolverá em duas fases: 1) Análise; 2) Planificação.

Fase de análise

26. Fazem parte da fase de análise a avaliação das necessidades, a coleta de informação e o estudo de planos pastorais alternativos. Isto implica uma análise do contexto no qual se situa a comunicação, em especial, das forças e fraquezas inerentes às estruturas e programas eclesiais da comunicação atuais, assim como das possibilidades que se lhes apresentam e dos desafios com os quais se defrontam.

Três tipos de estudo podem contribuir para angariar informações necessárias: uma avaliação das necessidades, um exame dos meios de comunicação e um inventário dos recursos. O primeiro estudo consistirá em elencar as zonas de ministério que necessitam de uma atenção especial, por parte da Conferência Episcopal ou da Diocese. O segundo será concernente aos métodos em vigor — e a uma avaliação da sua eficácia — de forma a elencar as forças e as fraquezas das estruturas e do modo de proceder dos meios de comunicação já existentes. O terceiro deverá tratar dos recursos, das técnicas e das pessoas habilitadas de que a Igreja dispõe em matéria de comunicação — não se contentando apenas com os recursos "particulares" da Igreja, mas tendo também em conta aqueles de que poderia dispor no mundo do comércio, da indústria dos mass media e dos organismos ecumênicos.

Fase de planificação

27. Depois desta coleta e análise de dados, a equipe que elaborará o plano deveria dedicar-se aos objetivos e às prioridades da Conferência Episcopal ou da Diocese, no campo da comunicação. Entrar-se-á, então, na fase de planificação. Tendo em conta as circunstâncias locais, a equipe deveria, sucessivamente, debruçar-se sobre os seguintes problemas.

28. *A educação:* as questões das comunicações e da comunicação de massa abrangem todos os níveis do ministério pastoral, incluindo a educação. Um plano de comunicação deveria esforçar-se por:

a) propor possibilidades de educação em matéria de comunicação, apresentando-as como componentes essenciais da formação dos que estão empenhados na ação da Igreja, sejam eles seminaristas, sacerdotes, religiosos, religiosas ou animadores leigos;

b) encorajar as escolas e as universidades católicas a propor programas e cursos relacionados com as necessidades da Igreja e da sociedade em matéria de comunicação;

c) propor cursos, laboratórios e seminários de tecnologia, de gestão, de ética e de política da comunicação, destinados aos responsáveis da Igreja nesta matéria, aos seminaristas, aos religiosos e ao clero;

d) prever e pôr em prática programas de educação e de compreensão dos mass media, dirigidos aos professores, pais e estudantes;

e) encorajar os criadores e escritores artísticos a transmitir os valores evangélicos através do uso que fazem dos seus talentos, na imprensa, no teatro, na rádio, em emissões televisivas, em filmes recreativos e educativos;

f) catalogar os novos métodos de evangelização e de catequese, aos quais se podem aplicar as tecnologias da comunicação e os meios de comunicação.

29. *Formação espiritual e assistência pastoral.* Os profissionais católicos, leigos e outras pessoas que trabalham no apostolado eclesial da comunicação social ou nos mass media profanos com freqüência esperam da Igreja uma orientação espiritual e um apoio pastoral. Um

plano pastoral de comunicação deveria, por conseguinte, procurar:

a) propor aos leigos católicos e aos outros profissionais da comunicação ocasiões para enriquecer a sua formação profissional, através de jornadas de recolhimento, retiros, seminários e grupos de apoio profissional;

b) propor uma assistência pastoral que procure o apoio necessário para a cultivação da fé dos responsáveis da comunicação, e fomentar o seu sentido de dedicação nesta tarefa difícil, que consiste em transmitir ao mundo os valores humanos.

30. *Colaboração.* A colaboração compreende a partilha de recursos entre as Conferências Episcopais e as Dioceses, assim como entre as Dioceses e outras instituições, tais como as comunidades religiosas, universidades, e organismos que operam no campo da comunicação. Um plano pastoral para a comunicação deveria visar:

a) reforçar as relações e estimular a consulta entre os responsáveis da Igreja e os profissionais dos mass media, os quais muito podem oferecer à Igreja, no que diz respeito à utilização dos mass media;

b) procurar meios de cooperação entre centros regionais e nacionais, e favorecer o desenvolvimento de redes comuns de promoção, de comercialização e distribuição;

c) favorecer a colaboração com as congregações religiosas que trabalham no campo da comunicação social;

d) colaborar com as outras Igrejas e grupos religiosos, em tudo o que se relaciona com a segurança e a garantia de acesso da religião aos mass media, assim como garantir a colaboração "no campo dos novos meios de comunicação: principalmente quanto ao uso comum dos satélites, das redes via cabo, dos bancos de dados, e, globalmente, da informática, começando pela compatibilidade dos sistemas";[34]

e) cooperar com os mass media, sobretudo no que diz respeito às preocupações comuns, que têm a ver com as questões religiosas, morais, éticas, culturais, educativas e sociais.

31. *Relações públicas.* As relações públicas necessitam, por parte da Igreja, de uma comunicação ativa com a comunidade através dos mass media, tanto estatais e particulares como de Igreja. Estas relações, que implicam a disponibilidade da Igreja a comunicar os valores evangélicos, e a dar a conhecer os seus ministérios e programas, requerem, por seu lado, que ela faça tudo o que for possível para comprovar que reflete, efetivamente, a imagem de Cristo. Um plano pastoral da comunicação deveria, então, tender:

a) a manter gabinetes de relações públicas, dotados de recursos humanos e materiais, suficientes para tornar possível uma verdadeira comunicação entre a Igreja e toda a sociedade;

---

34. Pontifício Conselho para as Comunicações Sociais, *Critérios de colaboração ecumênica e inter-religiosa nas comunicações sociais,* n. 14.

b) a produzir publicações e programas radiofônicos, televisivos e de vídeo, de qualidade excelente, de modo a tornar visíveis a mensagem do Evangelho e a missão da Igreja;

c) a prever prêmios e outros meios de recompensa, destinados a estimular e apoiar os profissionais dos mass media;

d) a celebrar o Dia Mundial das Comunicações como meio de evidenciar a importância das comunicações sociais e de apoio às iniciativas tomadas pela Igreja em matéria de comunicação.

32. *Pesquisa.* As estratégias da Igreja no campo da comunicação devem fundar-se numa pesquisa séria em matéria de mass media, o que implica uma análise e avaliação feitas com conhecimento de causa. Importa que o estudo da comunicação dê espaço às questões e aos problemas mais importantes, com os quais a missão da Igreja se deve confrontar, no seio da respectiva nação ou região. Um plano pastoral de comunicação deveria visar:

a) incentivar os institutos de estudos superiores, os centros de investigação e as universidades a empreender pesquisas simultaneamente fundamentais e aplicadas sobre as necessidades e as preocupações da Igreja e da sociedade, em matéria de comunicação;

b) determinar as modalidades práticas de uma interpretação da investigação realizada sobre as comunicações, e sua aplicação à missão da Igreja;

c) animar uma reflexão teológica permanente sobre meios e instrumentos de comunicação, e sobre o seu papel na Igreja e na sociedade.

33. *Comunicações e desenvolvimento dos povos.* Comunicações e mass media realmente acessíveis podem permitir a muitas pessoas participar na economia do mundo moderno, experimentar uma liberdade de expressão, e contribuir para o desenvolvimento da paz e da justiça no mundo. Um plano pastoral da comunicação social deveria visar:

a) que os valores evangélicos exerçam influência na vasta escala das atividades dos mass media contemporâneos — desde a edição até as comunicações via satélite — de modo a contribuir para o crescimento da solidariedade internacional;

b) defender o interesse público e salvaguardar o acesso das religiões aos mass media, tomando posições bem fundadas e responsáveis sobre questões de legislação e de política da comunicação, e sobre o desenvolvimento dos sistemas de comunicação;

c) analisar o impacto social das tecnologias de comunicação avançadas, e contribuir para evitar rupturas sociais e desestabilizações culturais inúteis;

d) ajudar os profissionais da comunicação a definir e observar regras éticas, principalmente no que respeita à equidade, à verdade, à justiça, à decência e ao respeito pela vida;

e) elaborar métodos que incentivem um acesso aos mass media mais alargado, mais representativo e responsável;

f) exercer um papel profético, tomando a palavra no momento oportuno, quando se trata de sustentar o ponto de vista do Evangelho em relação às dimensões morais das questões importantes de interesse público.

Cidade do Vaticano, 22 de Fevereiro de 1992, Festa da Cátedra de São Pedro Apóstolo.

+ JOHN P. FOLEY
Presidente

Mons. PIERFRANCO PASTORE
Secretário

ÍNDICE

Introdução 3

Uma revolução nas comunicações 3

I. Contexto das comunicações sociais 9

A. Contexto cultural e social 9
B. Contexto político e econômico 10

II. Papel das comunicações 13

A. Os mass media a serviço do homem e das culturas 15
B. Os mass media a serviço do diálogo com o mundo atual 16
C. Os mass media a serviço
   da comunidade humana e do progresso social 18
D. Os mass media a serviço da comunhão eclesial 18
E. Os mass media a serviço de uma nova evangelização 20

III. Desafios atuais 23

A. Necessidade de uma avaliação crítica 23
B. Solidariedade e desenvolvimento integral 24
C. Políticas e estruturas 24
D. Desafios do direito à informação e às comunicações 25

IV. Prioridades pastorais e respectivos meios de resposta 27

A. Defesa das culturas humanas 27
B. Desenvolvimento e promoção
   dos meios de comunicação da Igreja 28
C. Formação dos cristãos responsáveis pela comunicação 29
D. Pastoral dos responsáveis da comunicação 30

V. Necessidades de uma planificação pastoral 33

A. Responsabilidades dos Bispos 33
B. Urgência de um plano pastoral de comunicação 34

Conclusão 36

Anexo: Elementos para um plano pastoral de comunicação 37

Linhas orientadoras para a elaboração de planos pastorais
dos meios de comunicação numa diocese, numa conferência
Episcopal ou num Sínodo patriarcal 38
Modo de elaboração de um plano pastoral das comunicações 39
Fase de análise 39
Fase de planificação 40